AF331156

# UN MOT

## SUR LE CARACTÈRE & LES CONSÉQUENCES

## DE LA PAIX FUTURE

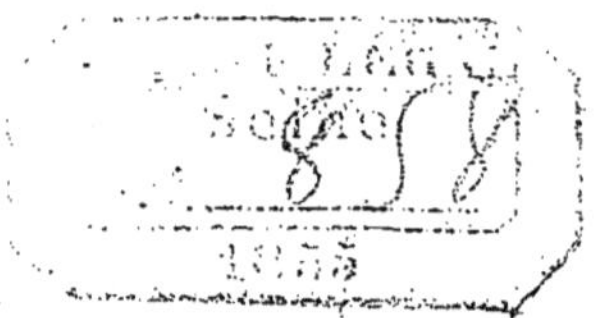

PARIS.—IMPRIMÉ CHEZ BONAVENTURE ET DUCESSOIS.

# UN MOT

SUR

## LE CARACTÈRE & LES CONSÉQUENCES

DE

# LA PAIX FUTURE

PAR

## LE B^on GUSTAVE DE ROMAND

ANCIEN PRÉFET.

———o— ⬦—⬦ —o———

PARIS

E. DENTU, LIBRAIRE-ÉDITEUR

Palais-Royal, galerie vitrée.

1856.

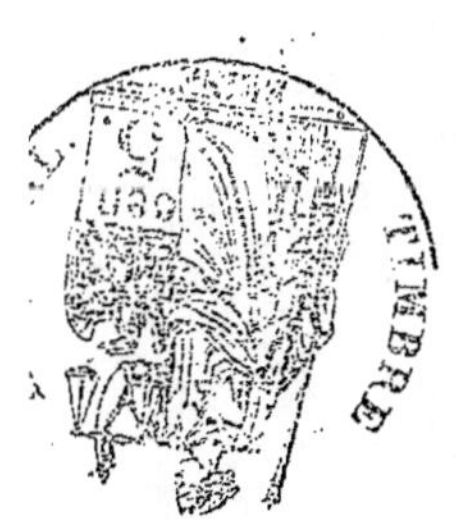
TIMBRE

# UN MOT

## SUR LE CARACTÈRE & LES CONSÉQUENCES

## DE LA PAIX FUTURE

La paix n'est pas signée, même dans ses premiers préliminaires, et cependant le vœu de la paix est si universel, que l'opinion, cette reine du monde, considère déjà la paix comme faite. On n'ignore pas qu'il existe un intérêt puissant en Europe, qui est fort opposé à la paix : l'intérêt révolutionnaire ! — On murmure encore que l'intérêt anglais lui-même pourrait bien être contraire à la paix ; mais, l'intérêt social européen est plus puissant que l'intérêt révolutionnaire, et s'il était vrai que l'intérêt révolutionnaire trouvât un auxiliaire dans l'intérêt anglais, cet intérêt individuel n'oserait pas même s'avouer, et, en aucun cas, ne saurait prévaloir sur l'intérêt général.

La lutte gigantesque, qui est sur le point de finir, a mis en présence les premières nations militaires du monde, et les plus grands intérêts qui aient jamais armé les peuples pour la défense de leurs droits.

C'est d'abord la France qui revendique, par la force des armes, la part d'influence qui lui appartient dans les affaires de l'Europe; c'est ensuite l'Angleterre qui met à profit les justes griefs de la France pour s'en faire une alliée contre la Russie, sa rivale naturelle, et étendre sur des mers nouvelles la prépondérance maritime qu'elle exerce dans le reste de l'univers; c'est, enfin, la Russie, qui porte la peine de sa double méprise à l'égard de la France et de l'Angleterre, en essayant vainement de contracter avec l'Angleterre une alliance intime que repoussent les intérêts et les instincts des deux pays, pour maintenir contre la France, ou plutôt contre les gouvernements issus des crises révolutionnaires de la France depuis 1830, la politique de la Sainte-Alliance, qui est aujourd'hui abandonnée par tous les gouvernements de l'Europe, et condamnée sans retour.

Le vice essentiel et fondamental de la politique de la Sainte-Alliance fut toujours de surexciter les passions de la révolution, de telle sorte, qu'au lieu d'affaiblir la révolution, elle lui prêtait une force factice, qu'elle ne possédait pas virtuellement en elle. C'est là seulement ce qui peut expliquer l'opposition que rencontre dans le parti révolutionnaire une paix à laquelle il semblerait devoir applaudir, comme à une sorte de triomphe de sa cause !

La France, l'Angleterre, l'Autriche, la Prusse se sont détachées successivement de la Sainte-Alliance, et la Russie, en acceptant les conditions de paix renfermées dans l'ultimatum de l'Autriche, renonce enfin elle-même à cette politique d'abstraction et de mysticisme, pour adopter, à l'exemple de ses principaux alliés du congrès de Vienne, la politique des réalités et des faits accomplis, quels que soient ces faits, quand ils ne sont pas directement hostiles et attentatoires à l'indépendance des autres États européens.

Il est probable que si la guerre de 1853 eût éclaté en 1830 ou même en 1848, elle n'aurait pas trouvé une solution aussi prompte que de nos jours, et si les bénédictions publiques s'adressent justement aux souverains qui donnent aujourd'hui satisfaction aux ardentes aspirations de l'Europe vers la paix, il est juste d'associer à ces bénédictions les noms de ceux, qui, en 1830 et 1848, ont le plus puissamment contribué à faire comprendre aux peuples les bienfaits de la paix et l'incomparable supériorité de la politique de la paix sur celle de la guerre.

Le futur traité de Paris se présente comme la contre-partie des traités de Vienne, en 1815 ; c'est là ce qui fait, avant tout, son importance et son honneur ! Ce traité ne sera même un traité d'équilibre européen, qu'en tant qu'il restituera à la France le rôle naturel qui lui appartient dans le maintien de l'équilibre politique de l'Europe, et qu'il instituera, en Europe, un nouveau droit public , d'où découleront des stipulations politiques absolument contraires à celles des traités de Vienne ; stipulations qui étaient un sujet de troubles et de perturbations dans les rapports des États européens depuis 1830, et sans lesquelles les difficultés de la crise de 1853 auraient pu être conjurées et aplanies, autrement que par la voie des armes.

On a dit, avec raison, que la France avait trop longtemps manqué à l'Europe. La France ne lui manque plus en ce moment, mais la Russie man-

querait, à son tour, à l'Europe, si son influence pou-
vait être diminuée, au gré des désirs de l'intérêt
révolutionnaire. La France et l'Angleterre elle-même
ne doivent pas oublier qu'il existe en Europe des
barbares de la civilisation, qui sont infiniment plus
redoutables à l'existence de l'ordre européen, que ceux
que les révolutionnaires ont coutume d'appeler, dans
leur colère, les barbares du Nord !

Les jours où le socialisme battait en brèche la
société, en 1848, ne sont pas déjà si éloignés de nous
pour que personne ait eu le temps d'oublier la nature
diverse d'assistance que la société européenne a ren-
contrée, à cette époque, dans la Russie et dans l'Angleterre ! A Dieu ne plaise que nous nous fassions ici
l'écho des accusations passionnées qui ont été portées,
en 1848, contre la politique de l'Angleterre ; mais nous
ne pouvons nous empêcher de rappeler que ce n'est
ni l'Angleterre, ni l'Autriche, ni la Prusse, mais la
France et la Russie qui ont arrêté, en 1848, le torrent
dévastateur de la révolution : la France, par le courage civique du parti de l'ordre dans les mémorables
journées de juin et du 10 décembre 1848 ; la Russie,
par la noble et impassible attitude de son souverain,
dont la puissance apparaissait alors, à l'Europe épou-

vantée, comme le dernier espoir et l'arrière-garde de la civilisation, si la civilisation était vaincue à Paris ! Il s'est élevé plus tard, malheureusement, entre la France et la Russie des malentendus funestes, que le traité de Paris fera disparaître ; et le repos du monde sera encore une fois assuré.

La révolution, vaincue sur toute la surface de l'Europe, attendait de la guerre actuelle l'heure de sa résurrection, parce que cette guerre, commencée au nom de l'équilibre européen, semblait devoir bientôt prendre ouvertement le caractère d'une guerre de principes, qui mettrait aux prises toutes les forces militaires de l'Europe et amènerait infailliblement, dans un temps donné, l'entière destruction des armées permanentes de l'Europe par elles-mêmes ! La révolution espérait donc pouvoir profiter des circonstances pour se ruer de nouveau sur la société, dont elle se flattait d'avoir alors bon marché ! Sans doute, ces coupables espérances ne pouvaient pas être couronnées d'un long succès, mais nul ne peut prévoir quels eussent été les résultats d'une telle lutte et du succès partiel le plus éphémère ! La paix est donc une amère déception pour les révolutionnaires, dont elle ajourne indéfiniment les espérances, et cette heureuse paix, en mettant fin à l'antagonisme contre nature que les traités de Vienne avaient créé, depuis 1830, entre la France et la Russie, ôte aux passions révolutionnaires leur principal aliment, et réunit en même temps contre elles, en un seul faisceau, toutes les forces conserva-trices de la civilisation.

Le traité de Paris réduira prochainement la révolution à chercher des moyens d'action nouveaux dans les querelles qui pourront surgir de la rivalité permanente des intérêts anglais et des intérêts russes; mais là, le danger sera moindre, parce qu'il sera plus localisé, et que la paix permettra aux gouvernements de l'Europe de suivre, d'un œil plus attentif et plus vigilant, les menées de la révolution.

D'ailleurs, si l'Angleterre a certaines affinités d'intérêt avec le parti révolutionnaire européen, en ce qui concerne l'amoindrissement de la Russie, elle en est, d'un autre côté, profondément séparée par des intérêts supérieurs qui touchent à l'existence elle-même de son admirable constitution. Ainsi, la guerre actuelle, qui a mis à nu certains abus de l'administration civile et militaire de l'Angleterre, menaçait de détruire l'économie générale des institutions anglaises, en précipitant outre mesure des changements nécessaires, qui seront sans périls. s'ils arrivent graduellement et à leur heure.

L'Angleterre peut regretter de n'avoir pas su mettre mieux à profit ses campagnes de 1854 et 1855 dans la Baltique, pour détruire la flotte et les établissements maritimes que la Russie possède dans cette mer ; mais nul ne saurait affirmer que les avantages maritimes qu'aurait présentés pour l'Angleterre, en 1856, une tentative plus heureuse que les précédentes contre Cronstadt, Sweaborg, Helsingfors, Riga et Revel, n'eussent pas été plus que compensés pour elle par l'affaiblissement toujours croissant des éléments conservateurs de son gouvernement intérieur, et qu'en conséquence la paix ne soit, en réalité, un bienfait pour l'Angleterre comme pour le reste de l'Europe, même au prix du sacrifice d'une partie du but qu'elle s'est proposé d'atteindre, au moment où elle déclarait la guerre à la Russie.

L'ambition maritime et l'orgueil militaire de l'Angleterre ne sont point satisfaits, et les radicaux anglais, qui se vantaient de faire gagner plus de terrain à leurs idées, en une année de guerre, que pendant dix années de discussion, chercheront certainement à exploiter les froissements du sentiment

national, au profit de leur politique particulière. Il y a
là, on ne saurait le nier, une coalition puissante d'intérêts qui ne peuvent manquer d'entraver la marche
des négociations de la paix future, mais ces embarras
momentanés n'empêcheront pas l'accomplissement
d'un événement auquel sont attachés le salut de l'Europe et le bien de l'humanité.

La nouvelle de l'acceptation des conditions de paix
posées à la Russie, par l'ultimatum de l'Autriche, a été
accueillie avec joie et enthousiasme en France, de
même que sur tout le continent; mais elle a provoqué,
de la part de certains organes de la presse anglaise,
une bruyante explosion de désappointement et de
colère, qui a fait place ensuite à des manifesta-
tions plus calmes, mais toujours imprégnées d'un
dépit mal déguisé. Ce dépit est même tellement vif
qu'il s'est exhalé en plaintes et en insinuations bles-
santes, non-seulement contre la Russie, la Prusse
et l'Autriche, mais encore contre le gouvernement
français.

Quel reproche l'Angleterre serait-elle donc en
droit d'adresser à la France? N'est-ce pas d'un commun accord entre l'Angleterre, la France et l'Autriche que l'ultimatum autrichien a été présenté à

l'empereur Alexandre II? L'acceptation pure et simple
de cet ultimatum n'engage-t-elle pas à un égal degré
l'Autriche, la France et l'Angleterre? Est-il admissible
que cet ultimatum accepté de bonne foi n'ait pas été
présenté de bonne foi? Est-il admissible encore que,
lorsque toutes les conditions essentielles de la paix
ont été minutieusement arrêtées dans cet ultimatum,
et que la paix est consentie à ces conditions, la guerre
puisse être continuée sur des questions *secondaires?*
La conscience publique a compris que la paix était
faite, et qu'il ne s'agissait plus, désormais, que d'échan-
ger la forme de l'ultimatum contre la forme d'un
traité. La France est engagée vis-à-vis de l'Autriche et de la Russie par l'acceptation de l'ultimatum autrichien, et cet ultimatum la dégage, en
même temps, vis-à-vis de l'Angleterre, de tout en-
gagement contraire à la lettre et à l'esprit de cette
convention. La France est même d'autant mieux dé-
gagée vis-à-vis de l'Angleterre, que, si elle a retiré de
la guerre de grands avantages moraux et politiques, l'Angleterre en a retiré, de son côté, les
plus grands avantages matériels; car, il est cer-
tain que les forces maritimes de l'Angleterre se sont
accrues, à la faveur de la guerre d'Orient, dans

des proportions triples ou quadruples de celles de la France, et qu'ainsi, dans l'éventualité d'une guerre maritime, la prépondérance de l'Angleterre se trouverait doublement aggrandie par cet immense accroissement de forces navales, et par la destruction des flottes, des arsenaux, et des docks de Sébastopol.

Nous sommes loin fort heureusement de toute éventualité de cette nature, et la paix que souhaite la France et que réclament les intérêts conservateurs européens, c'est la paix du monde ! Cette paix sera profitable pour tous, mais particulièrement flatteuse pour la France, parce que la puissance de ses armes, sa modération et son désintéressement ont fait d'elle aujourd'hui l'arbitre de l'Europe. Entre les prétentions opposées de l'Angleterre, de l'Autriche et de la Russie, l'arbitrage n'appartient-il pas naturellement et par la force des choses à la puissance qui ne prétend à rien pour elle-même, hormis au triomphe de son droit comme du droit de tous ?

Le congrès de Paris est un succès d'autant plus beau pour l'empereur Napoléon III, que ce congrès ramène autour de son trône les représentants des mêmes souverains de l'Europe qui s'étaient coalisés, en 1814 et en 1815, contre le trône de Napoléon I<sup>er</sup>, et c'est l'habileté, non moins que la fortune de Napoléon III, qui ont enfanté ce miracle, après trois années de règne, consacrées à établir son ascendant sur l'Europe, comme les quatre premières années de son gouvernement avaient été consacrées à établir irrésistiblement l'ascendant de son autorité sur la France.

La paix ouvrira bientôt à la France, tant à l'intérieur qu'à l'extérieur, une ère nouvelle de grandeur et de prospérité !

A l'extérieur, tous les anciens rapports internationaux sont changés, et l'Europe rentre dans ses voies naturelles, en substituant la politique des intérêts à cette politique de mysticisme monarchique qui a suscité en Europe des guerres plus longues et plus sanglantes que toutes les guerres de religion du XVIᵉ siècle.

La croisade entreprise contre la révolution française est terminée, parce que la révolution française a pris son assiette et touche à sa fin. La société française est révolutionnée, mais elle n'est plus révolutionnaire ; au lieu d'être un danger pour l'Europe, la France se présente aujourd'hui pour elle comme une sauvegarde et un appui ! La révolution fermente partout en Europe, et la France peut se glorifier qu'il n'existe pas un seul pays en Europe, la Russie seule exceptée, dont l'état social oppose une plus forte barrière à la révolution. Non-seulement l'élément conservateur domine l'élément anarchique dans la société française, mais la France s'est encore donné des institutions qui réduisent l'élément anarchique à l'impuissance. L'Empire n'est pas la révolution, mais la défaite de la révolution !

Le principe d'autorité a été affaibli ou ébranlé, en Europe, chaque fois qu'il a été affaibli ou ébranlé en France ; et l'Empire a eu deux fois pour mission, depuis le commencement du xixe siècle, de relever en France et de restaurer dans son intégrité le principe d'autorité. C'est là un enseignement qui ne devait pas être perdu pour l'Europe, et que l'Europe a enfin compris ! L'Angleterre, la plus constante et la plus implacable ennemie du premier Empire, est devenue, par un soudain revirement, la plus intime alliée de l'empereur Napoléon III ! La Russie, qui avait d'abord adopté vis-à-vis du second Empire la même politique de défiance et de réserve qu'elle avait pratiquée précédemment vis-à-vis de la monarchie de 1830, a reconnu son erreur, et vient d'en donner un gage

solennel en proposant, la première et spontanément,
Paris, pour le siége des conférences de paix ! Plus le
rapprochement de la Russie a été tardif, plus il est,
par cela même, raisonné et sincère, et la persistante
fidélité de la Russie à la politique de la Sainte-Alliance
est le plus sûr garant de la fidélité qu'elle apportera à
la nouvelle politique qu'elle arbore aujourd'hui !

La France, en recouvrant son entière liberté d'action vis-à-vis de toutes les puissances de l'Europe,
ne sera plus obligée, comme par le passé, de sacrifier
ses intérêts matériels à ses intérêts moraux, et ses intérêts permanents à des intérêts de circonstance. La
politique de la Sainte-Alliance faisait à la France une
nécessité absolue de l'alliance anglaise, depuis 1830;
et le trop fameux traité de 1840 a révélé tous les dan-
gers d'une telle nécessité.

L'alliance anglaise qui était pour la France, depuis
1830, une alliance exclusive et de nécessité, changera
de caractère par la paix future, et se transformera en
une alliance analogue à celle qui a régné entre la
France et l'Angleterre, pendant presque toute la durée
de la Restauration, où la France était, à la fois, l'alliée
cordiale de l'Angleterre, de même que des autres
grandes puissances du continent.

Le traité de Paris est donc destiné à renouveler la physionomie politique de l'Europe, et il fera succéder une paix sérieuse et féconde à la paix toujours chancelante et toujours armée, qui épuisait les plus précieuses ressources de l'Europe, depuis vingt-cinq ans.

Si le caractère de l'alliance anglo-française a été identique sous le règne de Louis-Philippe et sous le règne de Napoléon III, les résultats de cette alliance ont été, à coup sûr, fort différents, et cette différence tient surtout, il est impossible de le méconnaître, à la différence qui existe entre les institutions impériales et les institutions de la monarchie de 1830.

Le gouvernement du roi Louis-Philippe était le gouvernement d'une assemblée élective, dont la capricieuse mobilité acceptait trop souvent pour règle de conduite la trop célèbre maxime *que le roi règne et ne gouverne pas* ; le gouvernement de l'empereur Napoléon III est le gouvernement d'un seul, et ce gouvernement n'est pas seulement une monarchie, mais presque une dictature !—Napoléon III tient toutes les forces vives de la France dans sa main, et il lui a été permis, grâce à cette formidable situation, de former avec l'Angleterre une alliance offensive contre la

Russie ; tandis que l'alliance anglo-française n'a été, sous le règne de Louis-Philippe, qu'une alliance purement défensive, qui ajournait les difficultés du moment sans jamais pouvoir les résoudre complétement, ou bien les trancher, au besoin, avec l'épée. Tout avantage a aussi ses inconvénients, et Napoléon III rencontrait, dans son omnipotence, des écueils d'un autre genre que sa fortune et son génie ont heureusement surmontés ! Jamais la mission providentielle de Napoléon III n'a été plus visible que dans l'issue de la guerre actuelle !

La France vient de tirer de trop grands avantages de son retour au principe d'autorité pour songer à marchander au gouvernement impérial le plein et entier exercice de ce principe tutélaire ; mais il lui est permis de former des vœux pour que la paix accorde bientôt à l'empereur Napoléon III le loisir de porter son attention sur les rouages politiques et administratifs de son gouvernement, et de perfectionner, dans sa pratique, l'exercice du principe d'autorité.

Napoléon III, chacun le sait, est à la fois la tête et le bras de son gouvernement ; tout repose sur lui ; c'est sa volonté qui règle tout, qui dirige tout, la diplomatie, l'administration, la guerre ; et il est obligé de suffire seul à tout, même à l'absence des traditions qui, dans les gouvernements absolus, peuvent souvent suppléer aux garanties légales des gouvernements libres. La grandeur et la multiplicité des événements n'ont pas toujours permis au gouvernement impérial de s'occuper assez soigneusement de questions de forme et de détail dans toutes les mesures ordonnées par lui ; mais, avec des temps plus calmes, l'examen des questions de forme et de détail doit reprendre toute son importance. L'administration vit de détails , et, là où les détails sont trop longtemps négligés, tout périclite. Les merveilles du règne de Napoléon III ont accru, de plus en plus, la glorieuse popularité de ce prince ; mais cette popularité n'est pas toujours demeurée le partage de tous les instruments de son autorité, et il en est quelques-uns qui ont remis en vogue ce vieil adage de la fidélité française envers ses souverains : *Si le roi le savait !*

Le mouvement de 1789 n'a pas eu de cause plus immédiate que les abus des pouvoirs intermédiaires, et quand *le roi l'a su*, et a voulu y porter remède, *il était*, hélas ! *trop tard*.

Les institutions impériales se sont proposé un double but, qu'elles sont éminemment propres à atteindre : améliorer la condition du peuple, c'est-à-dire, de la classe la plus nombreuse et la plus pauvre ; pacifier les classes supérieures de la société, et mettre fin à leur antagonisme, en les ramenant à la concorde et à l'unité par un sentiment commun de patriotisme ! Tout ce qu'il y a encore d'irrégulier, ou même de trop absolu, dans le jeu de ces institutions, peut être facilement régularisé, ou adouci, grâce à la souplesse du mécanisme constitutionnel, qui permet d'apporter à la loi fondamentale toutes les améliorations, dont l'expérience a fait reconnaître l'avantage ou l'opportunité. Ce ne sera pas un des moindres bienfaits de la paix que de permettre à l'empereur Napoléon III de consacrer ses soins à faire produire aux institutions impériales tout le bien dont elles sont susceptibles. La paix, en rendant au gouvernement impérial la libre disposition de ses forces pour la protection et le développement de la civilisation, lui permettra de se *recueillir*, de se *reconnaître*, de *faire le bien*, et, en prenant l'initiative des réformes à accomplir, de prévenir le retour des révolutions.

Le caractère et les conséquences de la paix future sont trop généralement compris et appréciés en France pour qu'il soit permis de s'étonner de la vive et universelle impatience avec laquelle est attendue la réunion du congrès de Paris! Ce congrès dotera bientôt la France et l'Europe des bienfaits d'une paix qui n'est plus douteuse pour personne, mais dont on a d'autant plus soif de jouir que cette paix, en effaçant les derniers souvenirs des traités de 1815 et de 1840, rétablira la confiance et l'harmonie entre tous les gouvernements de l'Europe, et apportera, en outre, à la France la promesse des améliorations intérieures qu'elle attend de la sagesse du chef de l'État.

La paix de Paris sera un éclatant couronnement des constantes et prodigieuses prospérités de l'empereur Napoléon III, qui n'est pas seulement redevable de cette nouvelle prospérité à sa fortune, mais à son habileté et à son courage. Il est plus raré de savoir résister à ses amis qu'à ses ennemis; ce sera donc l'éternel honneur de Napoléon III d'avoir fait accepter par l'Angleterre des conditions de paix acceptables pour la Russie, de même que ce sera l'éternel honneur de l'empereur Alexandre II d'avoir eu le courage de résister aux instincts belliqueux de la Russie, et de s'inspirer des véritables intérêts de son peuple, presque malgré son peuple lui-même! L'empereur Alexandre II pourra encore se rendre le témoignage d'avoir sauvegardé les intérêts conservateurs de l'Europe, que la prolongation de la guerre compromettait plus gravement chaque jour, et dont la Russie avait été déjà une fois, si glorieusement, la *sauvegarde* en 1848 !

La paix est aujourd'hui le premier besoin de l'Europe, parce qu'en mettant un terme aux trop longues querelles de la révolution et de la contre-révolution et en unissant tous les gouvernements européens, au nom d'un intérêt commun d'ordre et de conservation sociale, elle anéantit les dernières espérances de la révolution, et qu'elle ouvre, en même temps, de nouveaux champs incommensurables au développement de l'activité humaine et au progrès de la civilisation !

PARIS, 31 janvier 1856.